Geronimo Stilton

EL PEQUEÑO LIBRO DE LAS EMOCIONES

DESTINO

Textos de Geronimo Stilton
Coordinación de textos de Margherita Banal / Atlantyca S.r.l.
Colaboración editorial de Sara Carrino

Coordinación editorial de Patrizia Puricelli
Edición de Viviana Donella
Asesoramiento científico de la Dra. Sara Cassuto, *psicóloga y psicoterapeuta*

Dirección artística de Iacopo Bruno
Cubierta de Alessandro Muscillo *(dibujo) y* Christian Aliprandi *(color)*
Diseño gráfico de Mauro de Toffol / *the*World*of*DOT

Ilustraciones de la historia de Silvia Bigolin *(dibujo),* Valeria Cairoli *(tintas planas) y* Daria Cerchi *(color)*
Coordinación artística de Andrea Alba Benelle
Gráfica de Giorgia Tosi

Idea original de Elisabetta Dami

Título original: *Il piccolo libro delle emozioni*
© de la traducción: Miguel García, 2024
Destino Infantil & Juvenil
infoinfantilyjuvenil@planeta.es
www.planetadelibrosinfantilyjuvenil.com
www.planetadelibros.com
Editado por Editorial Planeta, S. A.

Primera edición: enero de 2025
ISBN: 978-84-08-29736-9
Depósito legal: B. 21.000-2024
Impreso en España

El papel de este libro procede de bosques gestionados de forma sostenible y de fuentes controladas.

¡Sorpresa!

Queridos amigos roedores, ¡aquella mañana me había despertado **emocionadísimo**!

En Ratonia iba a disputarse la final del torneo juvenil de tenis, uno de los acontecimientos deportivos más esperados del año, ¡y yo no cabía en el pelaje al pensar que asistiría al **PARTIDO**!

¿Queréis saber por qué? ¡Os lo digo ahora mismo!

✓ Punto 1: ¡mi sobrinita Trappy era una de las dos finalistas!

✓ Punto 2: ¡su entrenadora era Tea, mi hermana!

✓ Punto 3: en el fondo, ¿qué hay más bonito que

dedicar un domingo al deporte en compañía de amigos y familiares?

Pero permitidme que me presente: me llamo Stilton, *Geronimo Stilton*, y dirijo *El Eco del Roedor*, ¡el periódico más famoso de la Isla de los Ratones!

Como os decía, faltaba poco, es más, poquísimo, para el comienzo de la final y estaba preparando mi equipamiento de perfecto **HINCHA**: ¡banderines de varios colores, trompetitas de varios tonos, pancartas de varios tamaños!

Al final sonreí satisfecho.

—Bien, ¡yo diría que lo tengo todo!

Estaba listo para salir cuando... toc, toc. Alguien **LLAMÓ** a la puerta.

Por mil quesos de bola, ¿quién podía ser? ¡No esperaba visitas!

Instantes después, una voz muy familiar gritó:

—¡Geronimoooo! ¡GERONIM*ICHO*! ¡*Por mil pistachitos*, no te hagas el list*icho*, sé que estás ahí dentro!

Abrí la puerta ¡y me encontré hocico a hocico con **Fisgogenio Quesoso**! Mejor dicho, hocico a… ¡lupa!

—¡Fisgogenio! ¡¿Qué haces aquí?! —le pregunté.

Él me examinó desde muuuy cerca y exclamó:

—**¡Quieeeto así!**

»Hocico de par en par —siguió diciendo—, bigotes temblorosos, ojos desencajados: en estos momentos estás experimentando... ¡sorpresa! ¿Lo he adivinado?

—¡Claro! —contesté—. ¡Te has presentado aquí de improviso y me estás escrutando con una lupa! ¡¿Me quieres explicar qué estás haciendo?!

—Es muy sencillo, estoy tomando notas para mi próximo invento: ¡la increíble máquina crea-emociones! —declaró Fisgogenio, que se guardó la lupa en el bolsillo y empezó a garabatear en un cuaderno.

Yo me sobresalté.

—Pero... ¡una máquina no puede producir las emociones!

—¡Estoy seguro de que sí, Geronimo! Por cierto, ¿qué te parecería echarme una pata en la RECOGIDA DE DATOS? ¡Tengo que definir con precisión cómo se manifiestan las emociones!

Yo negué con la cabeza.

—Lo siento, pero no creo que sea una buena idea...

—¡Solo se trata de tener los ojos abiertos y hacer algunas **entrevistas**! —resumió Fisgogenio, entusiasmado—. ¡Nada más fácil para un periodista tan buenicho como tú!

Luego, sin darme tiempo para rebatir, me puso en las patas un montón de

HOJAS ESCURRIDIZAS

y añadió:

—Toma, tienes que rellenar una ficha por cada emoción y anotar cómo se manifiesta y cómo reconocerla. **¿TODO CLARO?**

—¡Pues no! —exclamé—.

Todo lo contrario, para ser sincero, ¡no entiendo ni corteza!

—Sigue el modelo de la ficha sobre la **sorpresa**. ¡Ten!, acabo de rellenarla… ¡gracias a ti!

QUÉ ES: Una reacción cuando sucede algo inesperado.

POSIBLES REACCIONES DEL CUERPO: Ojos desencajados, boca abierta, aumento de los latidos del corazón…

POSIBLES PENSAMIENTOS: «¿Qué ocurre?», «No esperaba que pudiese suceder algo tan bueno/malo», «¿Qué me puede ocurrir bueno/malo?»…

POSIBLES COMPORTAMIENTOS: Quedarse quieto, tratar de averiguar qué es lo que está ocurriendo, sentirse inseguro…

QUÉ SE PUEDE HACER: Afrontar lo imprevisto con atención y curiosidad, consciente de poder aprender algo nuevo…

Y TÚ, ¿EN QUÉ PIENSAS CUANDO TE SORPRENDES? ¿CÓMO TE COMPORTAS?

Mientras cogía la ficha, mi mirada se posó sobre el reloj que llevaba en la muñeca. *¡Chillí!*

¡Era supertarde!

Así que dije:

—Disculpa, Fisgogenio, pero ahora tengo que ir sin falta a la final de **tenis**…

—*¡Por mil pistachitos!* —exclamó él—. ¡La final es el sit*iecicho* perfecto para **ESTUDIAR** las emociones! Veamos, Geronim*icho*, ¿has entendido lo que tienes que hacer? ¿Me ayudarás? ¿Eh? ¿¿Eeh?? ¿¿¿Eeeh???

Con los bigotes vibrándome de estrés, solté:

—¡Está bien, está bien, te ayudaré!

Luego salí a la calle.

Dirección: ¡la pista de tenis!

LAS EMOCIONES

¿QUÉ SON LAS EMOCIONES?

Las emociones son sensaciones que cada uno de nosotros experimenta cuando afronta situaciones agradables o desagradables. Se manifiestan con reacciones físicas, pensamientos y comportamientos. Todos nosotros tenemos emociones y necesitamos aprender a reconocerlas, expresarlas y manejarlas. Por eso es importante prepararse y reconocer tanto nuestras emociones como las de los demás, ¡solo así podremos entenderlas mejor!

¿QUÉ FUNCIÓN TIENEN EN NUESTRA VIDA?

Como quizá ya habrás comprendido, todas las emociones (¡absolutamente todas!) son fundamentales en nuestro crecimiento y en nuestra vida. Nos ayudan a entender lo que está sucediendo dentro y fuera de nosotros, lo que queremos, lo que nos gusta o no nos gusta y lo que es importante para nosotros.

¿Y CÓMO SE LAS RECONOCE?

Para poder reconocerlas, lo primero de todo es ser buenos escuchándonos a nosotros mismos. Así que trata de escuchar a tu cuerpo y tus pensamientos, y presta atención a lo que haces sin actuar de un modo automático o impulsivo, recordando siempre que no estás solo...

¡ESTO ES LO QUE PUEDE HACER EL ADULTO QUE ESTÉ A TU LADO!

Reconocer tus emociones es una tarea difícil, ¡pero los adultos que te rodean (mamá, papá, un maestro, algún adulto de referencia...) pueden ayudarte a hacerlo cada vez mejor! ¿Cómo? Escuchándote con atención y respeto, y haciéndote sentir atendido. Prueba a contarles lo que sientes, ¡descubrirás que también los adultos sienten o han sentido emociones parecidas a las tuyas!

Triste... ¡con la T mayúscula!

Nada más doblar la esquina, me crucé con mi sobrino **Benjamín**. Qué raro, ¿cómo es que no estaba en la pista de tenis?

Lo saludé sin detenerme y dije:

—Vamos, bocadito de queso, ¡o nos perderemos el primer juego!

Pero él se quedó **QUIETO**, no abrió la boca y apartó la mirada. ¿Qué le ocurría?

Luego musitó:

—Lo siento, tío, pero no voy a la final, acabo de discutir con mi compañero de pupitre y estoy muy **triste**.

Por mil quesos de bola, ¡nunca había visto a Benjamín con la moral tan baja! Tenía los ojos brillantes, el ceño fruncido, el hociquito largo. No cabía duda: lo suyo era Tristeza... ¡con T mayúscula!

Lo **abracé**; cuando alguien a quien queremos está triste, ¡hay que apoyarlo!

—¡Me entran ganas de llorar! —gimoteó—. ¡Creo que ya no le caigo bien!

Yo lo consolé:

—Llora entonces, no hay nada malo en llorar, ¡es una reacción completamente natural! Es normal sentirse **triste** a veces, pero solo es una sensación pasajera. ¡Intentemos juntos saber qué se puede hacer! A lo mejor solo se trata de un MALENTENDIDO. ¿Por qué no llamas a tu amigo?

—¿Y si él no quiere hablar conmigo? —preguntó Benjamín secándose las lágrimas.

Le di mi móvil y le guiñé un ojo:

—¡Si os apreciáis, seguro que hacéis las paces! ¡Todo se resolverá, ya lo verás!

Benjamín marcó el número y HABLÓ, abriendo su corazón, con su amigo.

Cuando colgó. Me miró con una gran SONRISA estampada en el hocico y dijo:

—¡Gracias, tío G! ¡También él estaba triste, igual que yo! Ahora pasaré por su casa e iremos juntos al partido, ¡así tendremos mucho tiempo para aclarar las cosas y hacer las paces! ¡Hasta luego!

Qué bonito era verlo sonreír de nuevo… ¡y cuántos

detalles de sus emociones había podido observar! ¡Así que saqué una de las fichas de Fisgogenio y la **rellené** en un vibrar de bigotes!

QUÉ ES: Es una reacción a la pérdida de alguien o de algo que se aprecia o que es muy importante para uno; también una reacción cuando no se logra hacer algo.

POSIBLES REACCIONES DEL CUERPO: Los labios se curvan hacia abajo, se baja la voz, el cuerpo se encoge y los movimientos son lentos...

POSIBLES PENSAMIENTOS: «Estoy solo», «No me siento querido», «No me gusta como soy», «No me siento capaz», «Nada me sale bien», «No me siento a la altura de...».

POSIBLES COMPORTAMIENTOS: Llorar, aislarse, no hablar...

QUÉ SE PUEDE HACER: Pedir ayuda y hablar con los padres, con un maestro o con un amigo; pensar en algo bonito; pensar en lo que nos gusta hacer o en algo que sabemos hacer bien...

Y TÚ, ¿EN QUÉ PIENSAS CUANDO ESTÁS TRISTE? ¿CÓMO TE COMPORTAS?

¡QUÉ RABIA!

Al llegar a la pista de tenis, un **VOZARRÓN** inconfundible atrajo enseguida mi atención…

—¡¡¡Nietoooooo!!! ¡¿Te parecen horas de llegar?!

Lo habría reconocido entre mil: ¡aquel era mi abuelo *Torcuato Revoltosi*!

Agucé la vista y allí estaba, en fila con otros periodistas para las entrevistas previas al partido… Y, por su expresión, no parecía contento. Llegué hasta él entre la multitud.

—Hola, abuelo, siento el **RETRASO**, pero…

—¡Nada de peros! ¿Sabes cuánto tiempo llevo aquí? Yo te lo digo: ¡demasiado!

Justo en aquel momento, por suerte, la **COLA** avanzó. ¡Había llegado el turno del abuelo!

Yo iba a suspirar de alivio cuando… ¡un roedor jadeante pasó por delante de él y le birló el puesto! El abuelo Torcuato se puso colorado y rugió:

—¡EH, TÚ, QUE ME TOCA A MÍ!
¡VUELVE AQUÍ!
¡AHORA MISMO!

¡*Por mil quesos de bola*, tenía que hacer algo! Así que intervine:

—¿Te has enfadado, abuelo…?

—¡Pues claro que estoy enfadado, nieto! Es más, ¡ENFADADÍSIMO! —voceó él—. ¡¿Cómo tendría que sentirme, según tú?!

Reflexioné un instante: cuando las personas están enfadadas, podemos ayudarlas a *calmarse*. ¡Y es justo lo que iba a hacer!

—Tienes razón, todos nos podemos enfadar… Pero, cuando nos ocurre, tenemos que intentar que no nos venza el enfado. Porque la única manera de afrontar la **RABIA** es aceptarla y aprender a manejarla…

—¿Y qué puedo hacer? —refunfuñó el abuelo.

—En vez de chillar a más no poder, puedes tratar de hablar con ese periodista de lo que ha pasado. A lo mejor hay una **EXPLICACIÓN**…

El abuelo Torcuato respiró hondo y decidió hacerme caso. Se presentó con calma al roedor y le preguntó:

—Disculpe, ¿puedo saber por qué se me ha colado?

El otro reaccionó… ¡poniéndose más rojo que un TOMATE MADURO! Luego respondió:

—¡¿Colarme?! ¡Oh, no, perdóneme! No me había dado cuenta de que usted también estaba en la fila… ¡Le cedo inmediatamente mi lugar! Y permítame invitarle a un helado para que me perdone. ¿Le gusta el de roquefort?

El abuelo Torcuato, ya más *tranquilo*, aceptó de buena gana ¡y ambos terminaron charlando como dos **viejos amigos**!

—Interesante —comenté mientras rellenaba con atención una nueva ficha—. Gracias al efecto del diálogo y las disculpas, ¡la rabia se había desvanecido completamente!

QUÉ ES: Una reacción ante algo que se considera injusto.

POSIBLES REACCIONES DEL CUERPO: El rostro enrojece, el estómago se pone duro, se levanta la voz, entra nerviosismo, se aprietan los dientes, se aprietan los puños...

POSIBLES PENSAMIENTOS: «Lo sucedido no es justo», «Los demás no se comportan bien conmigo», «Nadie me entiende»...

POSIBLES COMPORTAMIENTOS: Chillar, dar patadas y puñetazos, empujar a los demás...

QUÉ SE PUEDE HACER: Dar un paseo o correr, contarles qué ha sucedido a los padres, a algún maestro, a un amigo...

Y TÚ, ¿EN QUÉ PIENSAS CUANDO TE ENFADAS? ¿CÓMO TE COMPORTAS?

¡Nada de miedo!

¡Había llegado el momento de subir a la **GRADA**, la competición estaba a punto de empezar!

—Hum, ¿mi asiento estará a la derecha o a la izquierda?

Mientras trataba de orientarme…

¡CHILLÍÍÍÍÍÍÍÍÍ!

¡Me arrolló, literalmente, una masa de **HINCHAS** que ocupaban sus asientos!

Tambaleándome un poco hacia un lado y un poco hacia el otro perdí el equilibrio y choqué contra alguien.

Me disculpé y vi que se trataba de un ratoncito. ¡Estaba pálido y temblaba como una hoja!

¡*Por mil quesos de bola*, si era Milo, el hermanito de Trippo, uno de los compañeros de clase de Benjamín!

—Hola, soy Geronimo, el tío de Benjamín. ¿Te acuerdas de mí? —le pregunté preocupado.

Al reconocerme, el ratoncito suspiró de alivio. Luego contestó con un hilo de voz:

—¡Me he perdido, tengo **MIEDO**!

Yo le tendí la pata, ¡lo primero era calmarlo!

—Tranquilo, aquí estoy yo. ¡*Respira* hondo y enseguida te sentirás mejor! —le sugerí—. Y ahora dime: ¿te apetece que nos sentemos en un lugar tranquilo y así hablamos?

Milo aceptó mi sugerencia y, mientras nos bebíamos una TILA, le dije:

—Gracias al miedo podemos reconocer los **PELIGROS**: es una emoción útil, pero no tenemos que dejarnos llevar por el pánico y podemos pedir ayuda.

QUÉ ES: Una reacción ante una situación que te parece peligrosa.

POSIBLES REACCIONES DEL CUERPO: Se tiembla, duele el estómago, el corazón late con fuerza, la boca se seca...

POSIBLES PENSAMIENTOS: «Estoy en peligro», «No hay nadie que pueda ayudarme», «Estoy solo», «Puede ocurrir algo malo»...

POSIBLES COMPORTAMIENTOS: Gritar, llorar, huir...

QUÉ SE PUEDE HACER: Llamar a los padres, a un maestro, a otro adulto; buscar un lugar donde sentirse seguro; pensar en algo bonito...

Y TÚ, ¿EN QUÉ PIENSAS CUANDO TIENES MIEDO? ¿CÓMO TE COMPORTAS?

Milo se había tranquilizado y exclamó:
—¡Ahora recuerdo el número de mi asiento! ¡Es el 403!
Yo lo celebré:

—¡Esa es una excelente noticia!

Acompañé al ratoncito a su sitio, donde su padre me dio las gracias ¡y lo abrazó con un suspiro de alivio! Todo había terminado bien… ¡y yo había podido rellenar otra **ficha**!

COMIDA... ¡ASQUEROSA!

Llegué a la parte de la grada reservada para la familia Stilton, los saludé y me puse a buscar mi *asiento* con la mirada. Miré a la izquierda, me volví hacia la derecha... ¡Qué raro, no había ningún sitio libre!
Entonces lo entendí: mi asiento... ¡estaba ocupado por una gigantesca nevera portátil repleta de comida! Y junto a aquel armatoste, obviamente, estaba... ¡mi primo Trampita! Al verme exclamó:
—¡Eh, tú, primo, ¿quieres tomar un bocado?! ¡He vaciado mi despensa! ¿Un bocadillo de doce quesos? ¿Una magdalena de cebolla caramelizada? ¿Un **BATIDO** de ruibarbo con burbujas?
—¡Lo que de verdad quiero es **SENTARME**! —dije con un suspiro.

Mi primo se encogió de hombros.

—Estás nerviosito, ¿eh, primoto? Está bien, me habría gustado tener la COMIDA justo aquí, muy cerquita, pero si realmente te empeñas... ¡aquí tienes tu sitio!

Yo me senté, pero Trampita insistió:

—¡Adelante, venga, prueba algo!

En efecto, yo empezaba a sentir APETITO...

Pero no me había dado tiempo a contestarle cuando Trampita ya me había metido en la boca una cuchara rebosante de yogur de queso.

Chillííí, tenía un sabor... ¡TERRIBLE!

—¡Puaj! —escupí—. ¡Está asqueroso!

Trampita dio un respingo.

—¡Vaya, está CADUCADO! ¡Toma una chocolatina de queso mantecoso para quitarte el mal sabor de boca!

Yo la roí a toda prisa, pero... *¡chillííí!*

¡Tenía un sabor TREMENDO!

—¡Doble puaj! ¡También esto está asqueroso!

Mi primo balbuceó:

—Ejem… De-debe de ser una de las chocolatinas que perdí hace siete años… ¡Bebe un poco de ZUMO!

Yo tomé un sorbo, pero… ¡también el zumo tenía un sabor ESPANTOSO!

—¡Triple puaj! ¡Triple asco!

Trampita suspiró.

—¡Oh, oh! En efecto, es de la semana pasada, ¡perdona!

Yo lo tranquilicé:

—Gracias al **ASCO** he sabido que estas cosas me desagradaban. Habrían podido hacerme daño: ¡mi cuerpo ha tenido una reacción **ÚTIL**!

QUÉ ES: Es una reacción de rechazo o de defensa a estímulos desagradables o nocivos para la salud. Se activa a través del gusto (algo que comemos), el olfato (algo que olemos) o la vista (algo que vemos).

POSIBLES REACCIONES DEL CUERPO: Se siente repugnancia, sensación de rechazo, aumenta la salivación, entran ganas de vomitar...

POSIBLES PENSAMIENTOS: «¡Es asqueroso!», «Esto no me gusta», «Creo que puede hacerme daño», «¡Qué malo!», «Estoy en peligro»...

POSIBLES COMPORTAMIENTOS: Apartar lo que provoca el asco; evitar comer lo que parece malo o peligroso...

QUÉ SE PUEDE HACER: Memorizar la sensación y recordarla para ocasiones futuras.

Y TÚ, ¿EN QUÉ PIENSAS CUANDO ALGO TE DA ASCO? ¿CÓMO TE COMPORTAS?

El secreto de la serenidad

En aquel momento, mi sobrina entró en la pista y yo chillé:

—**¡Ahí está! ¡Ánimo, Trappy!**

La tan esperada final estaba a punto de empezar y yo estaba agitado, muy AGITADO, pero qué digo agitado…

¡¡¡AGITADÍSIMO!!!

Sin darme cuenta, me puse a golpear el suelo con una pata *(¡tap, tap!)*, a respirar afanosamente *(¡arf, arf!)* y a sudar a chorros *(¡qué extraño, si aquí no hace calor!)*.

Una vocecita a mi espalda susurró:

—¡Ten calma, Geronimo, ya verás como todo irá bien!

Me volví y me encontré delante la sonrisa tranquilizadora de la tía Lupa.

¡Desde que yo era un ratoncito, me bastaba con su expresión tranquila para calmarme!

Y fue ese RECUERDO lo que hizo que tuviera una idea superratónica: ¿quién mejor que ella podía explicarme algo sobre la *serenidad*?

—Tía Lupa, ¿cómo haces para estar siempre tan serena? —le pregunté.

—¡Es fácil! Me tomo la vida con **optimismo** y disfruto siempre con las pequeñas cosas que me suceden cada día —dijo ella con una sonrisa—. Hoy, por ejemplo, me siento afortunada por estar aquí junto a todas las personas a las que *quiero*...

Con la voz insegura por la emoción, asentí:

—¡Tienes razón, tía! ¡Son precisamente las pequeñas **alegrías** cotidianas las que hacen especial nuestra vida!

QUÉ ES: Es una sensación de paz y bienestar, de tranquilidad.

POSIBLES REACCIONES DEL CUERPO: La respiración es pausada, se está relajado, dan ganas de sonreír...

POSIBLES PENSAMIENTOS: «Me siento tranquilo», «Me siento querido», «Estoy bien donde estoy», «Quisiera estar así siempre»...

POSIBLES COMPORTAMIENTOS: Ya sea solo o en compañía, se está con placer y tranquilidad...

QUÉ SE PUEDE HACER: Aceptar esta emoción y dejarse llevar por ella...

Y TÚ, ¿EN QUÉ PIENSAS CUANDO ESTÁS SERENO? ¿CÓMO TE COMPORTAS?

¡UNA VERGÜENZA FELINA!

¡En aquel momento comenzó la **COMPETICIÓN**!

Trappy estaba al servicio, pero su primer saque no superó la mitad de la pista.

El set fue avanzando, pero mi sobrina no dejaba de **fallar**... Golpeara la pelota con un derechazo o con un revés, el resultado era siempre el mismo: ¡sus golpes casi nunca pasaban de la red!

—N-no lo entiendo... —balbuceé—. Es como si ya se hubiese rendido. ¡Con lo duro y lo seriamente que se ha entrenado!

—**Quizá esté nerviosa**... —supuso Benjamín.

—¡¡¡No cedas, Trappy!!! —exclamó Trampita.

Pero, pese a nuestros gritos de ánimo, ¡la **rival** de Trappy se adjudicó el primer set en un vibrar de bigotes!

Tea no perdió el tiempo y llamó de inmediato a mi sobrina al borde de la pista. Yo fui volando hasta ellas, ¡tenía que averiguar qué le ocurría!
Tea le preguntó a Trappy:
—¿Algo no marcha? ¡Sabes que nos lo puedes contar todo!

Pero ella se quedó callada. Tenía las mejillas coloradas y mantenía baja la mirada.

Luego murmuró:

—¡Nunca había pasado tanta vergüenza! ¡Ojalá desapareciera!

Yo traté de reconfortarla:

—No debes sentir VERGÜENZA, ¡todos podemos fallar! ¡Te recobrarás en el próximo set!

—Sí, puede... —suspiró ella, resignada. Y añadió tras hacer una pausa—: De todos modos, no lo entiendo, ¡esta raqueta pesa muchísimo!

Tea la sopesó en las patas y exclamó:

—¡Es verdad! ¡Esta raqueta pesa mucho más de lo normal! ¡Alguien debe de haberla cambiado!

Yo estaba conmocionado, ¡¿quién podía haber hecho

algo así?! Justo en aquel momento vi que dos roedoras **HUÍAN** hacia los vestuarios…
¡Tenía que seguirlas, y deprisa!

VERGÜENZA

QUÉ ES: Es la sensación de no ser adecuado, el pensamiento de que los demás puedan juzgar cómo soy o lo que hago.

POSIBLES REACCIONES DEL CUERPO: El rostro enrojece, la voz tiembla, se bajan la cabeza y la mirada…

POSIBLES PENSAMIENTOS: «No soy adecuado/apto», «Las cosas que hago no salen bien», «No voy bien», «No me siento capaz», «Quisiera esconderme o desaparecer»…

POSIBLES COMPORTAMIENTOS: Esconderse, aislarse, no hablar, evitar hacer lo que se debería, evitar estar con los demás…

QUÉ SE PUEDE HACER: Pensar en qué se sabe hacer bien, recordar que todo el mundo se equivoca y que se aprende de los errores; recordar que equivocarse no significa que se sea un «ser erróneo»; hablar con los padres, con un maestro…

Y TÚ, ¿EN QUÉ PIENSAS CUANDO TE AVERGÜENZAS? ¿CÓMO TE COMPORTAS?

La culpa es de... ¡la envidia!

Perseguí a las dos roedoras **MISTERIOSAS** hasta los vestuarios y, cuando las alcancé, me quedé boquiabierto: ¡eran Madame No y Sally Ratonen! Grité:

—¡DeteneeOOOOS!

Madame No se sobresaltó:

—¡Ratonucho de poca monta! ¿Qué haces tú aquí?

Por su parte, a la desprevenida Sally se le cayó algo al suelo.

Por mil quesos de bola, pero si aquella... ¡era precisamente la raqueta de Trappy!

—¡*Chillííí!* No puedo creérmelo, ¡vosotras habéis **cambiado** la raqueta de mi sobrina! Pero... ¡¿por qué?!

—Ufa, pues porque tu sobrina batió a mi tenista en el anterior partido, ¡¿no?! —soltó Madame No—. ¡Soy muy *envidiosa*!

—¡Sííí! ¡Y yo también! ¡Envidiosa, envidiosa, envi-

diosa! —añadió Sally. Y luego explicó—: ¡Si ganara ella, tú tendrías la **entrevista** en exclusiva y *El Eco del Roedor* superaría en ventas a *La Gaceta del Ratón*!

QUÉ ES: Se produce cuando sentimos que pueden arrebatarnos algo importante para nosotros.

POSIBLES REACCIONES DEL CUERPO: El cuerpo se tensa, duele el estómago, se siente subir calor a la cabeza...

POSIBLES PENSAMIENTOS: «Temo no tener ya a alguien/algo solo para mí», «Si comparto esto, ya no será mío», «Ya no me quieren», «No valgo lo suficiente»...

POSIBLES COMPORTAMIENTOS: Enfadarse, chillar, volverse agresivo, no escuchar lo que dicen que hagamos, aislarse, no hablar, llorar...

QUÉ SE PUEDE HACER: Recordar que todos somos distintos y que está bien que sea así, porque cada cual es importante con sus cualidades; comprender que compartir las cosas y los afectos no excluye nuestra forma única de ser...

Y TÚ, ¿EN QUÉ PIENSAS CUANDO SIENTES ENVIDIA? ¿CÓMO TE COMPORTAS?

Tragué saliva. ¡Las dos roedoras habían boicoteado la final! Y todo por culpa de… ¡la envidia!

Procurando mantener la calma, expliqué:

—Tener envidia de los demás nunca lleva a ninguna parte. Con ESFUERZO, todo el mundo puede hacer cosas preciosas y obtener espléndidos resultados. ¡También vosotras dos!

Sin rechistar, Madame No y Sally Ratonen recogieron la raqueta del suelo, me la devolvieron y luego se marcharon… ¡con la cola entre las patas!

¡Felicidad para todos!

Una vez devuelta la raqueta a Trappy, el partido podía reanudarse por fin.

—¡Gracias, tío G! —chilló mi sobrina antes de volver a la competición—. ¡Jugaré lo mejor que pueda!

Yo regresé a la grada, listo para animarla con el resto de la familia.

Fue un partido precioso: golpe tras golpe, las dos jóvenes tenistas corretearon por la pista, esforzándose y DIVIRTIÉNDOSE un montón… y en un vibrar de bigotes llegamos al juego final.

¡Trappy sacó magníficamente durante el servicio, dominó a la rival e hizo el **punto decisivo**!

—¡Juego, set y partido! —decretó el árbitro.

—La ganadora del torneo es... ¡Trappy Stilton!

¡Los aficionados aclamaron con estruendo!
Yo tenía la sonrisa dibujada en el rostro, el corazón latiéndome acelerado y mariposas en el estómago. ¡Estaba realmente contento! ¡Corrí con los demás a abrazar a Trappy y a **felicitarla**!

—¡Gracias a todos! —exclamó ella—. ¡Me hace verdaderamente feliz teneros aquí!

—¡Sí! —exclamé—. La felicidad es compartir las emociones con quienes queremos… ¡Y no necesito entrevistar a nadie para saberlo!

QUÉ ES: La satisfacción cuando ocurre lo que se desea.

POSIBLES REACCIONES DEL CUERPO: Te ríes, te sientes enérgico, tienes ganas de correr, de cantar…

POSIBLES PENSAMIENTOS: «Me siento querido», «Estoy contento de mí», «Estoy satisfecho de mí», «Estoy bien aquí donde estoy»…

POSIBLES COMPORTAMIENTOS: Querer compartir la felicidad con los demás…

QUÉ SE PUEDE HACER: Aceptar esta emoción y compartirla…

Y TÚ, ¿EN QUÉ PIENSAS CUANDO TE SIENTES FELIZ? ¿CÓMO TE COMPORTAS?

Qué bonito... ¡ventilador!

Al día siguiente fui a ver a Fisgogenio Quesoso a su laboratorio. En el centro destacaba una imponente maquinaria. La miré con curiosidad. ¡Parecía una gran RUEDA de colores!

Cuando me vio llegar, Fisgogenio sonrió.

—¡*Por mil pistachitos*, Geronim*icho*! ¿Ya estás aquí? ¡Qué poco has tardado en recopilar información sobre las emociones, entonces! ¡Tal como yo pensaba!

Yo asentí.

—No es mérito mío, es que las emociones están de verdad por todas partes..., ¡en cada aspecto de nuestra *vida*!

Mientras cogía las fichas que le tendía, Fisgogenio exclamó con orgullo:

—Te presento a... ¡mi máquina crea-emociones! Sin embargo, tras echarles un vistazo a mis fichas, se quedó callado con expresión ensimismada. Luego suspiró.

—Pues me equivocaba en una cosa: ¡esta máquina crea-emociones nunca podrá funcionar!

—*¡¿Cómocómocómo?!* —exclamé—. Pero si me la acabas de enseñar, ¡está justo delante de nosotros!

—No, esto es solamente la estructura, un conjunto de ENGRANAJES..., ¡mientras que las emociones son parte de nosotros, son lo que nos hace ÚNICOS! Una máquina nunca podrá replicarlas. No hay ninguna duda, ¡tus notas lo dicen claro!

Yo estaba totalmente de acuerdo con él: para reconocer y gestionar las emociones hace falta tener un corazón..., ¡no tuercas y tornillos!

Justo en aquel momento entró Trampita en el laboratorio.

Cuando vio la máquina crea-emociones, mi primo exclamó:

—¿Y esto qué es? Mejor no, ¡no me lo digáis! ¡Un VENTILADOR gigante, colorido y de diseño es precisamente el accesorio que faltaba en mi *loft*! ¿Puedo quedármelo? ¿Eh?

FISGOGENIO y yo nos echamos a reír. Luego, mi amigo inventor respondió:

—Por supuesto, Trampita. Deja que le haga algunas modificacion*cichas* aquí y allá y luego la máquina…, ejem, ¡el «ventilador» será tuyo!

Yo le guiñé un ojo: Fisgogenio había tomado la decisión correcta. Él es un magnífico inventor, pero para crear emociones no hace falta ninguna máquina…, ¡nosotros nos bastamos! ¡Palabra de honor de roedor!

¡Vivan las emociones!

¿Qué he dicho?
Un ventilador... ¡Ja, ja, ja!

Libros especiales de Geronimo Stilton

- ❒ En el Reino de la Fantasía
- ❒ Regreso al Reino de la Fantasía
- ❒ Tercer viaje al Reino de la Fantasía
- ❒ Cuarto viaje al Reino de la Fantasía
- ❒ Quinto viaje al Reino de la Fantasía
- ❒ Sexto viaje al Reino de la Fantasía
- ❒ Séptimo viaje al Reino de la Fantasía
- ❒ Octavo viaje al Reino de la Fantasía
- ❒ Rescate en el Reino de la Fantasía (9.º viaje)
- ❒ Reconquista del Reino de la Fantasía (10.º viaje)
- ❒ El Gran Secreto del Reino de la Fantasía (11.º viaje)
- ❒ La Isla de los Dragones del Reino de la Fantasía (12.º viaje)
- ❒ Las siete pruebas del Reino de la Fantasía (13.º viaje)
- ❒ Los guardianes del Reino de la Fantasía (14.º viaje)
- ❒ El rescate de Imaginaria (15.º viaje)
- ❒ La gran invasión de Ratonia
- ❒ El secreto del valor
- ❒ El Gran Libro del Reino de la Fantasía
- ❒ El Gran Regreso al Reino de la Fantasía
- ❒ Viaje en el Tiempo
- ❒ Viaje en el Tiempo 2
- ❒ Viaje en el Tiempo 3
- ❒ Viaje en el Tiempo 4
- ❒ Viaje en el Tiempo 5
- ❒ Viaje en el Tiempo 6
- ❒ Viaje en el Tiempo 7
- ❒ Viaje en el Tiempo 8
- ❒ Viaje en el Tiempo 9
- ❒ Viaje en el Tiempo 10
- ❒ Misión Dinosaurios
- ❒ Misión Piratas
- ❒ Misión Olimpo
- ❒ Misión Pirámides

¿Te gustaría ser miembro del CLUB GERONIMO STILTON?

Solo tienes que entrar en la página web **www.clubgeronimostilton.es** y darte de alta. De este modo, te convertirás en ratosocio/a y podré informarte de todas las novedades y de las promociones que pongamos en marcha.

¡PALABRA DE GERONIMO STILTON!

Grandes historias Geronimo Stilton

- ❒ La isla del tesoro
- ❒ La vuelta al mundo en 80 días
- ❒ Las aventuras de Ulises
- ❒ Mujercitas
- ❒ El libro de la selva
- ❒ Robin Hood
- ❒ La llamada de la selva
- ❒ Las aventuras del rey Arturo
- ❒ Los tres mosqueteros
- ❒ Tom Sawyer
- ❒ Los mejores cuentos de los hermanos Grimm
- ❒ Peter Pan
- ❒ Las aventuras de Marco Polo
- ❒ Los viajes de Gulliver
- ❒ El misterio de Frankenstein
- ❒ Alicia en el País de las Maravillas
- ❒ Sandokan. Los tigres de Mompracem
- ❒ Veinte mil leguas de viaje submarino
- ❒ Heidi
- ❒ Moby Dick
- ❒ Colmillo Blanco
- ❒ Las aventuras de Robinson Crusoe
- ❒ El jardín secreto
- ❒ Canción de Navidad
- ❒ Las aventuras del Corsario Negro
- ❒ Las aventuras de Pollyanna
- ❒ Las aventuras de Sherlock Holmes
- ❒ Aquellas mujercitas
- ❒ La Flecha Negra
- ❒ Viaje al centro de la tierra
- ❒ La Reina de las Nieves
- ❒ Las aventuras de Huckleberry Finn
- ❒ La isla misteriosa
- ❒ Don Quijote de la Mancha
- ❒ Las aventuras de Arsène Lupin
- ❒ Los mayores mitos griegos